Oyuncak Ayılarla
KARŞITLIKLAR

TÜBİTAK POPÜLER BİLİM KİTAPLARI

TÜBİTAK Popüler Bilim Kitapları 636

Oyuncak Ayılarla - Karşıtlıklar
Teddy Bear - Opposites
Arianna Candell
Resimleyen: Francesc Rovira
Çeviri: Zeynep Çanakcı
Redaksiyon: Nurulhude Baykal

© GEMSER PUBLICATIONS S.L., 2004
C/Castell, 38; Teià (08329) Barselona İspanya (Dünya hakları)
Tel: 93 540 13 53 e-posta: info@mercedesros.com
www.mercedesros.com
Orijinal Katalanca Adı: L'osset de Peluix - Els Contraris
© Türkiye Bilimsel ve Teknolojik Araştırma Kurumu, 2013

Bu yapıtın bütün hakları saklıdır. Yazılar ve görsel malzemeler,
izin alınmadan tümüyle veya kısmen yayımlanamaz.

TÜBİTAK Popüler Bilim Kitapları'nın seçimi ve değerlendirilmesi
TÜBİTAK Kitaplar Yayın Danışma Kurulu tarafından yapılmaktadır.

ISBN 978 - 975 - 403 - 884 - 2

1. Basım Haziran 2014 (10.000 adet)

Genel Yayın Yönetmeni: Dr. Zeynep Ünalan
Telif İşleri Sorumlusu: Esra Tok Kılıç

Basım Hazırlık ve Son Kontrol: Nurulhude Baykal
Sayfa Düzeni: Şeyma Sırakaya
Basım İzleme: Yılmaz Özben

TÜBİTAK
Kitaplar Müdürlüğü
Akay Caddesi No: 6 Bakanlıklar Ankara
Tel: (312) 298 96 61 Faks: (312) 428 32 40
e-posta: kitap@tubitak.gov.tr
www.kitap.tubitak.gov.tr
esatis.tubitak.gov.tr

Salmat Basım Yayıncılık Ambalaj San. ve Tic. Ltd. Şti.
Sebze Bahçeleri Cad. (Büyük Sanayi 1. Cad.) Arpacıoğlu İşhanı 95/1 İskitler Ankara
Tel: (312) 341 10 24 Faks: (312) 341 30 50

TÜBİTAK
Popüler Bilim Kitapları

Oyuncak ayılar yeni şeyler öğrenmeyi sever! Bunun için her sayfanın bir yerinde bir oyuncak ayı var... Bakalım onları bulabilecek misiniz!

KARŞITLIKLAR

Arianna Candell - Francesc Rovira
Çeviri: Zeynep Çanakcı

Oyuncak Ayılarla

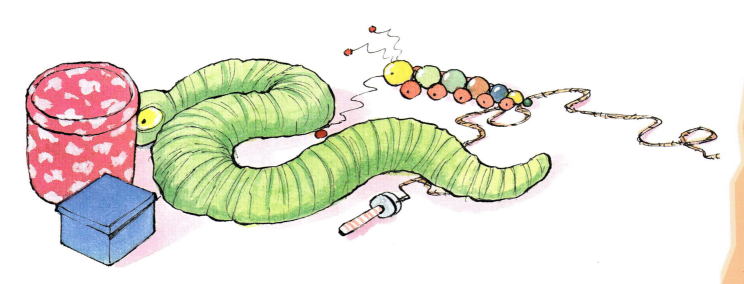

Benzerlik ve karşıtlıklar

İki şey birbirine benzeyebilir veya tamamen aynı olabilir. Ama birbirlerinden çok çok farklı olduklarında, bunlara birbirinin karşıtı denir. Beyaz siyahtan çok farklıdır, değil mi? İşte bu yüzden, onlara karşıt renkler denir. Kar ve kömürü düşünün. Hangisinin siyah, hangisinin beyaz olduğunu söyleyebilir misiniz?

5

Karşıt = Zıt

Aslında her şeyin bir zıddı vardır. Bir şeyin zıddı onun tam karşıtıdır. Sütü sıcak ya da soğuk içebilirsiniz, burada sıcak ve soğuk birbirinin karşıtıdır. Siz sütünüzü nasıl içersiniz?

7

Tatlı-tuzlu

Çikolata, şekerleme ve şeker tatlıdır; tuz, zeytin ve jambon tuzludur. Sandviçler genellikle tuzludur. Peki, ya krem şantili bir kek, o tatlı mı olur tuzlu mu?

Büyük - küçük

Su aygırı ile kurbağa yan yana dururken onların çok farklı ebatlarda olduğunu görebilirsiniz: su aygırı büyüktür, kurbağa ise küçüktür. Sizce ağaç mı çiçek mi daha küçük?

Yazın fazla kıyafet giymeyiz. Ancak, kışın birçok kıyafet giyeriz, hatta şapka ve atkı bile takarız! Yazın sıcak, kışın soğuktur. Siz çoğunlukla ne zaman tatil yaparsınız? Yaz mevsiminde, havalar sıcakken mi; kış mevsiminde, hava soğukken mi?

Gündüz-gece

Gündüzün karşıtı gecedir. Gündüzleri her yeri çok iyi bir şekilde görebiliriz, gün ışığı vardır ve lambaları yakmaya gerek yoktur. Geceleri ise ortalık kararmış, Güneş batmıştır, gökyüzünde yıldızlar parıldar. Ne zaman yatmaya gidersiniz, gece karanlıkken mi, gündüz Güneş parıldıyorken mi?

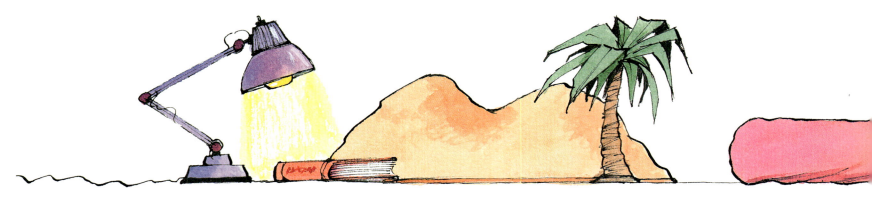

Ödlek-cesur

Ödlek kişiler daima korkar ancak cesur biri asla korkmaz. Örümcek gördüğünüzde korkar mısınız? Peki, fırtına sırasında gök gürültüsünü duyduğunuzda? Sizce cesur musunuz, yoksa ödlek mi?

17

Eğlenceli-sıkıcı

Yakalamaca oynamak, karda oynamak ya da bir hikâye kitabının yapraklarını karıştırmak eğlencelidir ama hiçbir şey yapmadan oturmak çok ama çok sıkıcıdır. Eğer sıkılmak istemiyorsanız, arkadaşınızla karşıt tahmin etmece oynayabilirsiniz.

Kalın-ince

Resimdeki tüm yastık ve döşeklere dikkat ettiniz mi? Üzerinde zıplamak için kalın bir döşek var, ayrıca katlayabildiğiniz ince olanlardan da var. Uyumak için ne tür bir döşek tercih edersiniz, kalın bir döşek mi, ince bir döşek mi?

Ağaçlar, dağlar ve göllerle dolu yeşil bir manzara resmi güzeldir ama çamur ve dumanla dolu gri bir manzara resmi tam anlamıyla çirkindir. Çok renkli ve güzel bir şeyler çizip, pencereymiş gibi, yatak odanızın duvarına asmak ister misiniz?

Güzel-çirkin

Gürültülü-sessiz

Arabalar ve insanlarla dolu bir caddede yürüdüğünüzde çok fazla gürültü duyarsınız ama kimsenin olmadığı bir çayırda uzandığınızda sessizliği hissedebilirsiniz. Sınıftayken siz ve sınıf arkadaşlarınız sessiz mi çalışırsınız, yoksa sürekli fazla gürültü mü yaparsınız?

25

Yağmur yağıp, sokaklar ve yollar çamurlu olduğunda, ayakkabılarınız çok kirlenir. Ancak ayakkabılarınızı eve girmeden önce kapı paspasına silerseniz temiz olurlar. Elleriniz temiz olsun diye her yemekten önce ellerinizi iyice yıkar mısınız?

Temiz-kirli

Dolu-boş

Bir kutu dolusu kurabiyeyi okula götürüp arkadaşlarınızla paylaştığınızda, kutu kısa süre içinde boşalır. Ancak bir dondurma külahı aldığınızda, külahın dondurmayla dolu olmasını istersiniz, değil mi? Yoksa boş bir külah mı tercih edersiniz?

Uzun-kısa

Elbette bir basketbol maçı izlemişsinizdir, değil mi? Oyunculara dikkat ettiniz mi? Uzun değiller mi! Küçük erkek ve kız çocukları daha büyüyecekleri için, basketbol oyuncularına göre kısadır. Kendinizi uzun hissetmek isterseniz babanızdan sizi kısa bir süreliğine omuzlarına oturtmasını isteyebilirsiniz.

Kısa-uzun

Resimdeki kıza dikkatle baktınız mı?
Saçları çok uzun, değil mi? Ancak onun küçük kardeşinin saçları çok kısa. Sizin saçlarınız nasıl, uzun mu, kısa mı?
Saçlarınızı atkuyruğu yapabilir misiniz?

Etkinlikler

 Karşıt tahmin etmece

Halihazırda birçok karşıt şey biliyorsunuz, bu yüzden şimdi arkadaşlarınızla bir tahmin oyunu oynayabilirsiniz. İçinizden biri bir kelime seçsin (örneğin SICAK), diğerleri de bunun karşıtını tahmin etmeli. SOĞUK kelimesini ilk söyleyen kişi oyunu kazanır. Bir sonraki kelimeyi söyleme sırası kazananındır, diğer oyuncular da söylenen kelimenin karşıtını bulmalıdır.

 Karşıt çiftler

Bir kâğıt parçasının ortasına bir çizgi çizin. Kâğıdın bir tarafına bir çocuğun yağmurlu bir günde yürüyüşe çıktığını, diğer tarafına da aynı çocuğun güneşli bir günde yürüyüşe çıktığını çizebilirsiniz. Yağmurlu günde, çocuk su birikintisine yağmur çizmeleriyle adım atarken bir şemsiye tutuyor olabilir. Güneşli günde, çocuk güneş gözlüğü ve beysbol şapkası takıyor, kısa kollu bir tişört giyiyor olabilir. Bu, karşıt durumları gösteren ilk resim olabilir. Başka örnekler de bulabilirsiniz, değil mi?

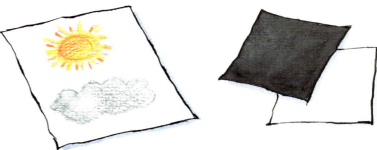

Hangisi hangisidir?

Bu oyunda size her seferinde iki kelime verilecek ve sonra bir soru sorulacaktır. Böylece siz doğru cevabın bu iki kelimeden hangisi olduğunu bulabilirsiniz.
– Solucan / yılan: uzun olan hangisidir?

Cevap olarak, "yılan" demelisiniz, çünkü yılanların her yere gitmelerini sağlayan çok uzun vücutları vardır.
- Ateş / buz: soğuk olan hangisidir?
- Dağ / nohut: küçük olan hangisidir?
- Zürafa / fare: boyu uzun olan hangisidir?
- Gündüz / gece: karanlık olan hangisidir?
- Su aygırı / geyik: büyük olan hangisidir?
- Prenses / cadı: çirkin olan hangisidir?

Tatlı mı, tuzlu mu?

Bu oyunu iki kişi oynar. Çocuklardan birinin gözleri bağlanır. Diğeri de bir yetişkinin hazırlamasına yardımcı olacağı yiyeceklerin bulunduğu bir tabak alır. Artık oyuna başlanabilir. Elinde yiyecek olan çocuk, gözü bağlı olan arkadaşına yemek yedirir ve sonra yediği yiyeceğin tatlı mı tuzlu mu olduğunu sorar. Yiyecekler sırayla küçük peynir parçaları, krakerler, kurabiyeler, çikolata parçacıkları, zeytinler, kirazlar, vs. olabilir. Tahmin etmesi gereken oyuncu, her bir yemek parçasından önce ve sonra su yudumlamalıdır. Çünkü su içmek lezzetleri ayırt etmesine yardımcı olacaktır.

Yetişkinler için öneriler

Karşıt, benzer, özdeş

Başlangıçta karşıtlıklar, farklılıklar, benzerlikler ve özdeşlikler arasındaki terimsel farkı kavramak çocuklar için zor olabilir. Çocuklar örneklerle yapılan açıklamaları benimseyene kadar ısrarcı olmak önemlidir. Özdeş olan şeylere örnek olarak iki portakalı, benzer olan şeyler için farklı modelde iki arabayı ve karşıt olan şeyler için de gündüz ve gece örneğini verebilir, bunları başka örneklerle de pekiştirebilirsiniz. Bunun için en iyi yol, çocukların günlük hayatından örnekler bulmaktır, çünkü onların en iyi bildikleri ve en çok tanıdıkları şeyler bunlardır. Olası yanlış anlamalara karşı dikkatli olun: nesneler birbirine benzeyebilir, aynı veya karşıt olabilir ancak farklı olan her şey başka bir şeyin karşıtı değildir. İki şey birbirine taban tabana zıt ise, birbirinin karşıtıdır. Çocuğun bahsettiğiniz şeylerin sadece farklı olmayıp aynı zamanda karşıt da olduğunu anlamasını istiyorsanız, sadece bir şey doğrulandığı zaman diğeri çürütülüyorsa, bu şeylerin karşıt olduğunu söylemelisiniz. Diğer bir deyişle, bir arabanın hızlı olduğunu söylersek, dolaylı yoldan yavaş olmadığını da anlarız. Aslında, karşıtlık bu şekilde daha kolay anlaşılır.

Diğer tatlar

Çocuklar tatlı ve tuzlu arasındaki farkı ayırt edebildiğinde, onlara ekşi ve acı gibi diğer tatlar da öğretilebilir. Bu tatlar çocuklara fazla hitap etmediği için, bunları daha az bilirler ve bu tatları ayırt etmeleri daha uzun zaman alabilir. Ancak öğretmede ısrarcı olursanız, çocuklar sonunda onların arasındaki farkı anlayabilir. Çocuklar bunları öğrendiğinde, "tatlı mı, tuzlu mu" oyununa ekşi ve acı da eklenebilir. Ancak bu şekilde oyun giderek daha da zorlaşır.

Diğer karşıtlıklar

Zorluk dereceleri yüksek olduğu için kitapta değinilmeyen daha başka birçok karşıt kavram çiftleri vardır. Ancak kitaptaki karşıtlıklar açıklanıp anlaşıldığında, yeni karşıt çiftlerini öğrenmek için hiçbir engel kalmaz. Aşağıdaki kavramları inceleyiniz:

Hızlı ve yavaş (çita ve kaplumbağayı karşılaştırarak), kolay ve zor (çocukların anlama seviyelerine uygun örneklerle), nazik ve kaba (belirli durumlarda kendi davranışlarından örneklerle), ölü ve diri (buradaki örneklerde bitkiler ya da belgesellerdeki hayvanlar kullanılabilir, insanları örnek vermeye gerek yoktur), çalışkan ve tembel (çocuğun bazı işlerdeki davranışlarına göre kendisinden örnek verilebilir), güçlü ve zayıf (aslan ile karınca), mutlu ve üzgün, gülmek ve ağlamak, açık ve kapalı, uyanık ve uyuyan, ıslak ve kuru, vb. Öyle çok örnek var ki... Daha sonra konumlarla ilgili karşıt kavramları öğretebilirsiniz: üst ve alt, yukarı ve aşağı, sağ ve sol, ön ve arka, vb. Karşıt kavramlar söz konusu olunca, öğrenilen karşıtlıkların sayısından çok, bunları çocukların iyice anlaması ve nasıl kullanacağını öğrenmesi önemlidir. Karşıt kavram çiftlerini öğretmenin en iyi yolu, çocukların günlük hayatta kolayca karşılaşabileceği örnekleri bulup kullanmaktır. Unutmamalısınız ki örnekler kullanabileceğiniz en iyi eğitim araçlarıdır.